# DAISHIZEN

NICOLAS
CHAUVAT

# DAISHIZEN

EL ARTE JAPONÉS
DE CONECTAR
CON LA NATURALEZA

URANO

Argentina – Chile – Colombia – España
Estados Unidos – México – Perú – Uruguay

Título original: *Daishizen – L'art japonais de ressentir la nature*
Editor original: Éditions Jouvence
Chemin de Guillon, 20 Case 143 CH-1233 Bernex (Switzerland)
https://editions-jouvence.com
info@editions-jouvence.com
Traducción: Amelia Ros García

1.ª edición Enero 2022

Copyright © Éditions Jouvence, 2019
All Rights Reserved
© 2022 de la traducción *by* Amelia Ros García
© 2022 by Ediciones Urano, S.A.U.
Plaza de los Reyes Magos, 8, piso 1.º C y D – 28007 Madrid
www.edicionesurano.com

ISBN: 978-84-17694-36-4
E-ISBN: 978-84-18480-16-4
Depósito legal: B-18.255-2021

Fotocomposición: Ediciones Urano, S.A.U.

Impreso por Liberdúplex, S.L. – Ctra. BV 2249 Km 7,4
Polígono Industrial Torrentfondo – 08791 Sant Llorenç d'Hortons (Barcelona)

Impreso en España – *Printed in Spain*

# Índice

## CAPÍTULO 2

## CAPÍTULO 3

# PRÓLOGO

*La espiritualidad japonesa nos invita a ver más allá de las apariencias y nos ofrece la posibilidad de ser parte de una naturaleza reencantada.*

¿Qué secretos han hallado los japoneses en el corazón de sus bosques envueltos en una densa niebla? Cuando gran parte de la humanidad se dedicaba a construir templos, esculpir magníficas estatuas y estudiar los textos sagrados, los japoneses de la antigüedad se adentraban en la profunda oscuridad de los inmensos bosques que aún hoy pueblan el archipiélago. Como Buda, que una noche de luna llena alcanzó la iluminación cuando estaba sentado debajo de una higuera, los japoneses siempre han preferido el contacto con la naturaleza al estudio de textos para encontrar respuestas a sus preguntas existenciales. ¿Qué han aprendido a la sombra de pinos centenarios y a la orilla de arroyos bordeados de rocas recubiertas de musgo?

Al igual que el resto del mundo, Japón se ha modernizado con el tiempo. En la actualidad, pocas personas pueden encontrar retiro en un bosque con frecuencia. Sin embargo, su admiración por los cerezos en flor y por las hojas rojizas de los arces en otoño, así como su particular afición a los bonsáis y los *onsen* —fuentes de agua termal que manan a veces en pleno bosque—, manifiestan la fuerte relación que los japoneses tienen con la naturaleza.

El archipiélago del Sol Naciente, famoso por su importante población de personas centenarias, aún no ha desvelado todos sus misterios. Durante mucho tiempo se pensó que la excepcional longevidad de los japoneses se debía a las propiedades de los ingredientes de su cocina.

Sin embargo, estudios recientes sugieren que la proximidad de las personas con la naturaleza constituiría también un factor significativo para el incremento no solo de la esperanza de vida, sino también de su calidad. Esta es la tesis defendida en 1982 por Tomohide Akiyama, director de la Agencia Forestal de Japón, que creó el concepto de *shinrin-yoku* (森林浴), cuya traducción sería «baño de bosque». Aunque es relativamente reciente, esta tesis se fundamenta en una concepción muy particular de la naturaleza.

Cuando los practicantes del sintoísmo y del budismo esotérico se aventuran por las rutas de peregrinación que atraviesan los oscuros bosques del archipiélago, se dirigen al encuentro de lo Invisible. Son capaces de trascender los árboles, los arroyos y las rocas cubiertas de musgo para percibir el eco de esa naturaleza en su corazón, el *daishizen* (大自然). Este concepto, que significa literalmente gran (大) naturaleza (自然), es opuesto a nuestra visión materialista del mundo, que solo percibe en la naturaleza fragmentos de materia inanimada o formas primitivas de vida cuyo único objetivo es luchar por sobrevivir.

La espiritualidad japonesa nos invita a ver más allá de las apariencias y nos ofrece la posibilidad de ser parte de una naturaleza reencantada, que no es una simple aglomeración de piedras y plantas y árboles, sino un espacio sagrado donde el Todo es más importante que la suma de las partes. Nos enseña a penetrar no solo con el cuerpo, sino con todo nuestro ser, en los espacios naturales, para descubrir su eco en lo más profundo de nosotros.

La escritura de las primeras páginas de este libro, que se inició bajo la sombra de grandes hayas, al ritmo del discurrir de un arroyo, se vio interrumpida con frecuencia por el vuelo de libélulas azules que se posaban en mi cuaderno de notas. Nací en Limousin (Francia), pero vivo, lejos de los soleados claros del bosque de mi infancia, desde hace casi una década en Japón, donde recorro los bosques de bambúes y los senderos montañosos que conducen a sus lugares sagrados. Ahora que me encuentro tan lejos de mi país de origen, pero tan cerca de esa naturaleza profunda que siempre he conocido, investigo sobre la relación que mantienen los japoneses con su entorno. Diplomado en Ciencias Políticas, estas investigaciones surgieron de la voluntad de entender mejor la sociedad japonesa. Al mismo tiempo, me di cuenta del cambio que se producía en mí o, más bien, de que recuperaba la capacidad de maravillarme día tras día. El deseo de compartir el descubrimiento de esas enseñanzas me condujo a escribir este libro.

Comenzaremos con una iniciación en los misterios del sintoísmo y el budismo japonés en lo concerniente a las

relaciones del hombre con la naturaleza. A continuación, hablaré de algunos de los símbolos que utilizaban
los grandes poetas de antaño para comunicar sus secretos en la corte imperial. Estos motivos, que permiten
visibilizar lo invisible, representan la flora del archipiélago del Sol Naciente y contienen las claves esenciales
para conectar con el *daishizen*. De este modo, aprende-
remos de la naturaleza las leyes fundamentales, que nos
ayudarán a recuperar y mantener la armonía en nuestra
vida personal y profesional.

# INTRODUCCIÓN
## El arte japonés de conectar con la naturaleza

«*Vive como si fueras a morir mañana. Aprende como si fueras a vivir para siempre.*»

Gandhi

Aunque se atribuye a Gandhi, este precepto describe a la perfección la actitud ante la vida de los sabios japoneses de la antigüedad. Conscientes de la brevedad de la vida, desarrollaban su sensibilidad para experimentar con plenitud la belleza de cada instante. Sensibles pero serenos, la fatalidad de la muerte no atormentaba su corazón y mantenían intacta su sed de aprender y descubrir cada día cosas nuevas. Aunque eran muy cultos, no buscaban un saber que se resumiera en la acumulación de conocimientos teóricos condenados a desaparecer con ellos, sino que aspiraban ante todo a la sabiduría, al conocimiento que colma no solo la mente, sino también el corazón.

Estos sabios recorrían el camino que conduce a la búsqueda de la verdad en lo más profundo de su ser. En lugar de perseguir desesperadamente verdades hechas de tinta y papel, aprendían el arte de sondear su propia alma y se abrían al mundo para enriquecerse con la diferencia. Aprender de los demás sin dejar de ser uno mismo, ¿no es lo que caracteriza a una persona auténtica? En cualquier caso, esa fue la apuesta de muchos intelectuales japoneses que profundizaban en la vía de su religión, el sintoísmo, al tiempo que se abrían a otros sistemas de pensamiento como el budismo, originario de la India, y la poesía china, inspirada en los grandes principios del confucionismo y el taoísmo.

Aunque se basan en nociones diferentes, estos tres caminos poseen una fundamentación común: la creencia en el sentido de la vida. Las espiritualidades orientales no consideran la vida ni una carga ni un fin en sí misma, sino un recorrido iniciático que pone al ser humano en contacto con experiencias formidables, unas veces felices y otras, dolorosas. Cuando estas últimas se acogen con sabiduría, templanza y valor, nos permiten cultivar aquello que nos convierte en algo más que un montón de células luchando por sobrevivir.

El sintoísmo, como el budismo y la poesía, recomienda el aprendizaje como un medio para desarrollar en nosotros la humanidad. Sin embargo, no se trata de un estudio teórico basado en la lectura repetitiva de textos, sino de descubrir ante todo el mundo que nos rodea a través de la observación y la experimentación.

El estudio de los grandes principios de estas tres tradiciones nos permitirá entender su influencia en la manera japonesa de contemplar la naturaleza y de relacionarse con ella.

# CAPÍTULO 1
## Iniciación al sintoísmo: aprender a reencantar el mundo

*«Con la prisa por recorrer*

*el camino del monte Tamuke,*

*se me olvidó traer una ofrenda.*

*Oh, kami, acepta esta hoja de*

*arce arrebolada por el otoño,*

*resplandeciente como*

*un brocado.»*

Sugawara no Michizane (845-903)

Una piedra imponente, erguida y cubierta de musgo en medio de ninguna parte, el estruendo de las aguas plateadas de una cascada, la copa de un árbol pluricentenario que danza con el viento, el perfume embriagador de las flores de los ciruelos, que acaban de eclosionar bajo la nieve… Nada como un paseo por un bosque oscuro para comprender la esencia del sintoísmo, la religión mayoritaria de los japoneses. Quienes aún practican sinceramente esta espiritualidad nos dirán que los dioses, a quienes dan el nombre de *kamis*, no viven en la tinta ni en el papel, sino que su presencia se siente en la naturaleza que nos rodea.

¿En cuántos dioses creen? En ocho millones, nos dirán los expertos, porque así se menciona en algunos textos. Pero este número, que no se basa en un censo exhaustivo y preciso, carece de importancia. Lo fundamental es entender que, en Japón, lo sagrado convive con lo cotidiano. El sintoísmo propone una espiritualidad diferente. Nos invita a olvidar por un instante todos nuestros discursos sobre el sentido de las cosas, para experimentar la esencia de la vida con nuestro cuerpo y nuestro corazón, en contacto directo con la naturaleza.

Sin embargo, debemos interpretar correctamente este pensamiento ancestral. Los seguidores del sintoísmo no consideran que todas las piedras, todos los ríos y todos los árboles sean dioses. Por nuestra cultura, estamos habituados al razonamiento dualista y tendemos a oponer el monoteísmo al politeísmo. Sin embargo, la espiritualidad japonesa no se puede clasificar fácilmente en una de estas dos categorías. Y ello se debe a que aúna lo unitario y lo múltiple mediante un vínculo sagrado y universal.

道生一，一生二，二生三，
三生万物

*El Tao engendra al Uno,*
*el Uno engendra al Dos,*
*el Dos engendra al Tres*
*y el Tres engendra a los diez*
*mil seres.*

**Lao Tse, *Tao Te Ching***

El Tao no se encuentra en un cielo lejano, sino que está presente en todas las cosas. Quien aspire a experimentarlo debe aprender a encontrarlo en sus manifestaciones cotidianas. Quien parte en busca de lo Único, debe aprender a percibirlo en medio de la multitud de los diez mil seres.

Esta enseñanza contenida en el *Tao Te Ching*, uno de los textos fundadores del taoísmo chino, ha sido fuente de inspiración para los sintoístas japoneses.

Más abiertos a otras culturas de lo que imaginamos, los japoneses de los periodos Asuka (592-710) y Nara (710-794) sentían un profundo respeto por la cultura china, en particular por la poesía y la espiritualidad. El pensamiento taoísta chino ejerció una influencia tan importante en el sintoísmo japonés que ambas religiones comparten el relato de la creación del cielo y la tierra a partir de una materia única, comprimida en una forma de huevo.

El *Kojiki* —recopilación de los textos sagrados del sintoísmo realizada por la emperatriz japonesa Genmei en el año 712— explica que, en un principio, el cielo y la tierra formaban un todo extremadamente condensado. Debido a un influjo misterioso que ocasionó un movimiento, lo ligero empezó a separarse de lo espeso. Lo Único se dividió para generar el cielo y la tierra. En el cielo formado de esta escisión, aparecieron tres entidades sucesivamente: Ame no minakanushi no kami (天之御中主神), (Señor del Augusto Centro del Cielo),

Takamimusubi no kami (高御産巣日神) (Augustísimo Engendrador o Divinidad de la Augusta Energía Vital) y Kamimusubi no kami (神産巣日神). (Divino Engendrador o Divinidad de la Divina Energía Vital). Aunque fueron los primeros en llegar, estos *kamis* no se manifestaron físicamente ni se ofrece ningún detalle concreto sobre ellos en el *Kojiki*. Aparecieron también otros *kamis* que se esfumaron sin dejar rastro hasta que una pareja de divinidades, Izanami e Izanagi, descendieron al mundo material para crear el archipiélago japonés y engendrar a los dioses terrestres, en particular a los elementos como el fuego, el viento, la madera, etc.

## La naturaleza, espacio particular donde se fusionan lo finito y lo infinito

El relato sintoísta de la creación de la vida y el mundo material tiene varios niveles de interpretación. Podemos caer en la tentación de conceder más importancia a las divinidades creadas por Izanami e Izanagi, porque sus acciones se describen en muchas leyendas, pero los primeros sintoístas también se preguntaban por las tres primeras entidades y la fuerza misteriosa que separó el Uno original en dos.

Los japones veneran lo Único, pero también celebran la sacralidad de la multitud, practicando así una espiritualidad no dualista. Con esta concepción muy próxima al animismo, perciben la vida como una energía original que se transmite en cada ser. Esta energía carece de forma y necesita un receptáculo material (*goshintai* 御神体) para manifestarse en el mundo.

*Por ello, los sintoístas no creen que los árboles o las piedras sean divinidades, sino sustancias materiales capaces de acoger la energía.*

En los inicios del sintoísmo, los fieles no necesitaban erigir monumentos para practicar su religión porque la naturaleza representaba para ellos un santuario a cielo abierto.

Tampoco se preocupaban de esculpir imágenes. Como sus dioses no tenían una forma concreta, preferían rendir culto a los receptáculos habitados por los *kamis* para ejercer su influencia en el mundo.

La espiritualidad no precisaba de la escritura ni del aprendizaje de textos sagrados porque la experiencia directa de las personas que vivían en contacto con el corazón del mundo material hacía innecesaria esa guía.

## Los árboles, santuarios vivientes para reencantar el mundo

Probablemente, uno de los grandes misterios de la naturaleza es el corazón humano. Si ya es difícil conocerse a sí mismo, ¿cómo vamos a apreciar las cualidades humanas de otra persona? Concedemos mucha importancia a la palabra como base de nuestros juicios. Pero, por desgracia, sirve con más frecuencia para disimular o mentir que para hablar a corazón abierto. Un sacerdote sintoísta que conocí por casualidad dando un paseo por los jardines de un santuario me dijo: *«Cuando quieras sondear el alma de una persona, observa su comportamiento con los árboles. Si su intelecto está más desarrollado que su sensibilidad, solo verá en ellos madera para hacer leña, papel o muebles. Sin embargo, cuando la persona cultiva plenamente su humanidad, percibe a los árboles como seres vivos que merecen respeto y amor». A continuación, el sacerdote hizo una pausa para mirar a lo lejos, en dirección al bosque, y prosiguió: «Quienes realizan un recorrido espiritual saben experimentar la Vida que reside en el interior de la vida».*

Con estas palabras, me transmitió la esencia del sintoísmo: el arte de cultivar la sensibilidad para percibir lo divino en el corazón de la materia. El arte de conectar lo invisible con lo visible. Como ya hemos dicho, los sintoístas respetan todos los árboles porque son seres vivos, pero en ciertos ejemplares aprecian algo que trasciende su simple existencia vegetal. Para los japoneses, algunos árboles están habitados por una presencia que suele manifestarse de manera visible confiriendo a su anfitrión una forma o una resistencia fuera de lo común.

Estos árboles sagrados —denominados *shinboku* (神木), revisten una gran importancia para el sintoísmo. En sus inicios, los ritos de esta religión se practicaban en plena naturaleza, a la sombra del follaje de árboles catedrales. Posteriormente, debido a la influencia de espiritualidades extranjeras como el budismo y el hinduismo, la religión se transformó y los japoneses comenzaron a construir santuarios. No obstante, el mundo vegetal posee una importancia notable en su vida espiritual. Los santuarios suelen estar rodeados de un pequeño bosque (*chinju no mori* (鎮守の森), que cumple una función concreta. Está formado con las plantas y los árboles que crecían originariamente en el terreno donde se construyó el santuario. Esta vegetación que se conserva en estado silvestre constituye un auténtico bosque primario en miniatura. En este espacio sagrado, sin desnaturalizar por la intervención humana, residen algunos *kamis*. Se trata de divinidades que no poseen nombre, al contrario de las que se veneran en el interior del santuario. No se las conoce a través de los libros, sino adentrándose en su morada para conectar con su presencia.

═══════════════════════════════

## *Chinju no mori, bosques sagrados para un baño de energía purificadora*

¿Por qué razón algunos japoneses intentan entrar en contacto con los *kamis*? ¿Qué esperan encontrar en el silencio de esos espacios sagrados donde residen? Los sintoístas no creen en el pecado. Su concepción del mundo se basa en la noción de *kegare* (穢), que se puede considerar una especie de suciedad. Sin embargo, el *kegare* no depende solo de la acción humana —como sucede en el caso del pecado—, también se debe a fenómenos naturales como el polvo, la putrefacción, los malos olores, el derramamiento de sangre, la enfermedad y la muerte. La acumulación de *kegare* provoca un debilitamiento del cuerpo y de la mente que puede influir de manera muy negativa en el comportamiento y el destino de la persona.

En el libro titulado *Ciudadela, Saint-Exupéry* escribe: «Cuando el moho aparece en el trigo, busca su causa fuera del trigo, y cambia el trigo de granero». Aunque probablemente el autor no estuviera familiarizado con el budismo ni con el sintoísmo, sus palabras ilustran, sin que él lo sepa, uno de los conceptos fundamentales de las espiritualidades asiáticas: la relación entre el ser y su entorno.

*Los budistas consideran que existe un vínculo entre el cuerpo y el alma, de modo que la influencia es mutua. Los sintoístas comparten esta concepción y la llevan aún más lejos: defienden que la salud física y mental de la persona está en gran medida condicionada por su entorno directo.*

Los japoneses creen que un lugar sucio, desordenado o contaminado con los malos pensamientos de sus habitantes es un centro de malas energías. Piensan que el *kegare* acumulado puede provocar problemas de salud, sobre todo en la cabeza, los pulmones o el sistema digestivo, además de trastornos del comportamiento como depresión, agresividad e, incluso, episodios de locura.

Según la filosofía sintoísta, el mundo material es una fuente de suciedad constante que conviene evitar. A pequeña escala, la persona puede colaborar en la preservación de la pureza de su entorno limpiándolo con frecuencia y formulando pensamientos positivos. Algunas escuelas afirman que la música podría contribuir a sanear un espacio. Sin embargo, los japoneses consideran que la visita de los lugares sagrados es uno de los medios más eficaces para purificar el cuerpo y la mente.

Los sintoístas no acuden a los santuarios para obtener el perdón de sus pecados, sino para eliminar parte del *kegare* que han acumulado. Esta purificación se practica en varias etapas. La primera consiste en cruzar la puerta —llamada *torii* (鳥居) con forma de percha para pájaros, que marca la entrada al recinto sagrado del santuario. De esta puerta suele colgarse un *shimenawa* (しめ縄), que es una especie de soga fabricada con paja de arroz a la cual los japoneses atribuyen la facultad de absorber parte de las energías negativas. Superada esta etapa, el visitante se dirige al *chōzuya* (手水舎)

para lavarse las manos con agua de la fuente sagrada. El viaje, tanto exterior como interior, continúa a través de un pequeño bosque, el *chinju no mori*. En este espacio aparte, habitado por *kamis* sin nombre, el peregrino puede percibir una presencia singular. Algunos creen que la energía reinante puede purificar el corazón de las personas sensibles a ella. Una vez que el cuerpo y la mente están libres de una parte del *kegare*, la última etapa consiste en rezar una plegaria ante el *shaden* (社殿), el sanctasanctórum, donde se encuentra el receptáculo de la principal divinidad venerada en los santuarios sintoístas modernos.

---

## El ser humano, guardián y arquitecto de la naturaleza

Como vestigio del sintoísmo antiguo, el *chinju no mori* permite comprender el sentido espiritual de la noción de *shinrin-yoku* (baño de bosque).

*En Japón, el bosque no es solo un lugar para hacer deporte y oxigenarse, sino que representa, ante todo, un espacio sagrado donde se puede experimentar físicamente una forma de espiritualidad.*

Muy diferentes a los de estilo francés, los jardines japoneses son un testimonio de la compleja relación que los habitantes del Imperio del Sol Naciente mantienen con los árboles. Los japoneses no tratan de dominar la naturaleza, pero tampoco se limitan a ser meros espectadores pasivos. Como puente entre el mundo espiritual y el mundo material, el ser humano ha de ser el guardián del reino vegetal.

Debe utilizar el saber adquirido de generación en generación para engrandecer la naturaleza y convertirla en un lugar acogedor, tanto para sus congéneres como para los *kamis*, cuya presencia contribuye a la purificación y la armonía. En consecuencia, los sintoístas se esfuerzan por ser arquitectos de lo sagrado. Su espiritualidad no se limita a buscar *kamis* en las profundidades de los bosques, sino que también crea receptáculos artificiales para acogerlos y beneficiarse de su presencia purificadora.

El *himorogi* (神籬) ilustra esta idea a la perfección. Su significado es «cercado divino» y consiste en un espacio delimitado por troncos de bambú entre los que se tienden cuerdas *shimenawa*. A continuación, se colocan unas ramas de sakaki en el centro y se celebra una ceremonia para invitar a un *kami* a residir temporalmente en las hojas de ese árbol, conocido por su capacidad para conservar su verdor incluso en lo más crudo del invierno.

La facultad de practicar estas ceremonias está reservada a los sacerdotes sintoístas, pero la voluntad de crear en medio del mundo rincones de naturaleza para que los habiten los *kamis* es habitual. El arte de los bonsáis constituye un hermoso ejemplo de ello. Esta práctica originaria de China consistía en llevarse a casa un árbol silvestre para beneficiarse de la energía que había acumulado en la naturaleza. Aunque la mayoría de japoneses ha olvidado la dimensión espiritual del bonsái, el resultado es el mismo: permite a las personas cultivar, dentro de su entorno físico cotidiano, un pequeño espacio sagrado donde pueden relacionarse con la naturaleza y con los *kamis*.

# CAPÍTULO 2
## Iniciación al budismo: cómo transformarse en contacto con la naturaleza

*«Ni siquiera las cosas*

*más triviales suceden*

*por casualidad.»*

Haruki Murakami, *Kafka en la orilla*

## Los árboles de la sabiduría

En un pasado remoto, en el interior de un país prácticamente desconocido para nosotros, un pájaro emprende el vuelo. El ave ignora su destino, solo se deja llevar por el viento y por el hambre. De repente, descubre una fruta caída en el suelo. Obedeciendo a su instinto, se precipita sobre ese festín inesperado. Cuando se siente saciado, se eleva de nuevo por los aires. Un mundo muy vasto se ofrece a su vista. De norte a sur y de este a oeste, parece desplegarse un horizonte infinito de posibilidades. Ebrio de libertad, unas veces vuela hacia la derecha; otras, hacia la izquierda, toma una dirección y, de pronto, cambia de sentido. No obstante sus prodigiosas evoluciones, el acróbata apenas avanza en su camino. Este simple espectador, que desconoce las leyes rectoras de la naturaleza, se ha convertido a su pesar en actor de un escenario que le supera. Mientras realiza una de sus piruetas, se le escapa del pico una semilla de la fruta que había descubierto por casualidad.

La semilla cae en el suelo sin hacer ruido. Este acontecimiento silencioso no entrará en la historia escrita de la humanidad. Pasan los días, las estrellas siguen su curso y el pájaro desaparece de la faz de la tierra. La semilla también se eclipsa para transformarse en un gigantesco árbol que se alza majestuoso hacia el cielo.

Cuenta una leyenda que el ave portadora de la semilla, después de un largo ciclo de reencarnaciones, se transformó en hombre. Tras varias décadas de vivir en la riqueza, hastiado de las apariencias, partió en búsqueda de la verdad y de los frutos del destino. A lo largo de su camino, dudó muchas veces. Su voluntad y su celo le dieron fuerzas para avanzar, pero también lo condujeron hasta peligros terribles. Después de vagar durante mucho tiempo, encontró por fin el árbol. Sin saber muy bien la razón, decidió meditar junto a él. Una noche de luna llena, bajo las ramas protectoras del pipal (nombre de la especie), encontró lo que estaba buscando. Ese hombre se convirtió en un buda. Al igual que las raíces del árbol penetran hasta las entrañas de la tierra para que sus ramas se eleven hacia el cielo, Buda defendió una espiritualidad que englobaba el cuerpo y la mente. Aunque sus enseñanzas son una fuente de inspiración para muchas personas de todo el mundo, su relación con los árboles es bastante desconocida.

## *Hannya shingyō*, el arte de armonizar lo visible y lo invisible

*El vacío no se diferencia
de la forma,
la forma no se diferencia
del vacío;
todo lo que es forma, es vacío;
todo lo que es vacío, es forma.*

*El sutra del corazón*

Cae la noche en el bosque de bambúes de Arashiyama, el distrito situado a las afueras de Kioto, muy apreciado por la antigua corte imperial para conectar con el *dai-*

*shizen*. Cuando los turistas se marchan para regresar al centro de la ciudad, empiezan a oírse sonidos graves, repetidos en la oscuridad. Su ritmo se asemeja al latido profundo de un corazón. Las hojas de los bambúes parecen animarse con su potencia. De repente, todo se acelera: el tañido de esos tambores invisibles se sucede con una cadencia desenfrenada, como una tormenta arrolladora. El suelo tiembla con su estruendo. Súbitamente, todo se detiene. El silencio recupera su lugar en las tinieblas. Desorientadas, las cigarras atónitas por este concierto sobrenatural prosiguen con su canto de estío. Un fenómeno extraño las interrumpe de nuevo. Una voz gutural se eleva sobre los ruidos de la naturaleza. Entona un canto en una lengua misteriosa. Despacio, pronuncia palabras cortas siempre con el mismo ritmo. Por miedo a presenciar la aparición de un fantasma, los escasos paseantes que aún quedan en el lugar se apresuran a marcharse. Ese canto incomprensible los asusta. No saben que las enseñanzas más hermosas de la vida a veces se encuentran más allá de nuestros miedos.

El bosque de bambúes no está encantado ni las palabras que se oyen son una maldición, sino la llamada de los monjes budistas que resuena desde su templo zen, situado no lejos de allí. Su vida transcurre al ritmo de los cantos y los tiempos de intensa meditación. Al amanecer y al anochecer, recitan uno de los sutras más populares en Japón, el **sutra** *del corazón*, el *Hannya shingyō*. Este texto relativamente corto incluye un pasaje que contiene la esencia de las enseñanzas de Buda: «El vacío no se diferencia de la forma, la forma no se diferencia del vacío; todo lo que es forma, es vacío; todo lo que es vacío, es forma».

¿Qué significan estas palabras aparentemente tan contradictorias? Una posible respuesta parece ocultarse en la arquitectura de algunos templos zen. Ciertas salas tienen dos ventanas, una cuadrada y otra redonda. La primera posee cuatro ángulos bien delimitados, mientras que la curva de la segunda carece de principio y de fin. Si nos acercamos a una ventana, probablemente veamos una tortuga. Se trata de un símbolo viviente que tiene una gran importancia en la práctica religiosa de

Japón, China y la India. Segundo avatar de Visnú, Kūrma se representa en ocasiones mediante una tortuga que sostiene tres elefantes, que, a su vez, portan el mundo en sus lomos. La tortuga constituye un elemento fundamental de la cosmogonía hinduista. Mucho antes que los japoneses, los fieles de la religión védica se interesaron en la simbología del círculo y el cuadrado. Para ellos, el círculo representa todo lo que no tiene principio ni fin; la ausencia de ángulos ofrece infinidad de posibilidades. El cuadrado, sin embargo, representa la finitud y el poder de lo manifiesto. El círculo se asocia al cosmos y el cuadrado, al mundo terrenal.

Quien sepa observar la naturaleza se dará cuenta de que el peto de la tortuga tiene forma cuadrada, mientras que su caparazón es redondo. Este animal aúna la esencia de lo material y lo inmaterial. Los monjes zen japoneses consideran que la persona es un universo en sí misma. La búsqueda de la iluminación comienza por la armonía de lo cuadrado y lo circular. El cuadrado se corresponde con la forma, es decir, con el cuerpo humano; el círculo encarna lo que no puede dibujarse, esto es, la mente. El círculo y el cuadrado son diferentes, pero se encuentran estrechamente imbricados el uno con el otro. Toda acción ejercida sobre el círculo influirá en el cuadrado y viceversa.

En las páginas siguientes veremos cómo el contacto con el *daishizen* puede facilitar en gran medida esta búsqueda de la armonía entre el cuerpo y la mente.

## *Daishizen* y el camino del medio

«El infierno está lleno de buenas intenciones». Es bastante irónico que esta sentencia que parece llamar a la moderación fuera formulada en el siglo XII por san Bernardo de Claraval, conocido por sus prácticas extremas de mortificación. Se nos suele repetir que el fervor es una virtud indispensable para avanzar en nuestro camino espiritual. Sin embargo, conviene no olvidar la observación de Montesquieu: «Lo mejor es el enemigo mortal de lo bueno». Siddhartha Gautama nació con la condición de príncipe, pero en muchas ocasiones estuvo a punto de morir como un mártir. Su peor enemigo no fue un tirano ni un traidor ni un asesino, sino su propia mente. Durante su recorrido iniciático, sus mejores aliados fueron la sabiduría y la humildad.

---

Como en las ceremonias de la Antigüedad griega, la música cumple una importante función en el culto hinduista, que atribuye a la vibración acústica el origen de la creación del universo material. Por ello, existen unos sonidos que aportan armonía y otros que influyen de forma negativa no solo en la mente, sino también en la materia.

Cuenta una leyenda que Siddhartha aprendió una lección de vida observando una cítara. Cuando las cuerdas del instrumento están flojas, el sonido que producen no es nítido. Ahora bien, si la persona que lo afina aplica una tensión excesiva, las cuerdas se rompen y el instrumento resulta inutilizable.

Siddhartha se dio cuenta de que la pureza del sonido solo se obtiene mediante el equilibrio entre
tensión y relajación.

«*No importa cuántas
palabras santas leas, ni
cuántas digas. ¿De qué
te valen si no actúas
conforme a ellas?*»

**Buda**

Gracias a la música, Siddhartha comprendió lo importante que era el camino del medio. No obstante, aunque
su mente accediera a esa sabiduría, necesitó aún muchos
años, valor y, sobre todo, humildad para ponerla en práctica. Después de abandonar las comodidades de su pala-
cio para buscar las enseñanzas de los sabios hinduistas,
Siddhartha y otros practicantes se dedicaron a llevar una

vida ascética y errante en el bosque. Como no alcanzaba la iluminación que tanto buscaba, se entregó a prácticas extremas. Su celo despertaba la admiración de sus compañeros, pero las leyes naturales no se lo perdonaban. Adelgazó en exceso, no pensaba con claridad y estuvo al borde de la muerte. Su destino cambió cuando se encontró con una muchacha que, preocupada por su estado de salud, le ofreció un cuenco de leche. Al principio lo rechazó porque —según explicó a la joven— el ayuno era un requisito de su búsqueda espiritual. La muchacha le respondió que no buscara la vía del sacrificio porque su existencia sería vana si moría en el bosque a causa de su celo desmedido. Siddhartha necesitó hacer acopio de humildad para reconocer su error y aceptar los consejos de una persona que no había elegido un camino tan «elitista» como el suyo. Asimismo, se armó de valor para soportar las críticas de sus compañeros que se distanciaron de él por haberse tomado el cuenco de leche.

*«Sabia es la persona que soporta
los golpes y las injurias sin
perder la inocencia.»*

**Buda**

Siddhartha tenía el valor suficiente para soportar el rechazo de sus compañeros, así como la sabiduría necesaria para evitar que le invadieran la decepción y la ira. Continuó su búsqueda espiritual con el cuerpo fortalecido por el aporte energético de la leche que le había ofrecido su benefactora y pudo desarrollar por completo las facultades de su mente. Cuenta la leyenda que, poco tiempo después, alcanzó la iluminación cuando se encontraba meditando debajo de una higuera.

Sin un ápice de rencor, partió en busca de sus antiguos compañeros. Sabía que eran buenas personas, aunque estaban cegados por una sed de perfección que les impedía comprender el «camino del medio». Siddhartha les enseñó los fundamentos de la condición humana y se convirtieron en sus discípulos.

—————————————————

Todos somos el resultado de la unión de un cuerpo y una mente. Todo lo material está sujeto al cambio y le afecta la ignorancia. La mente debe aprender a dominar el cuerpo, sin despreciar en ningún momento la materia que le sirve de vehículo. En ocasiones, los periodos de privación pueden ser útiles para fortalecer la mente y dotarla de perspectiva con respecto al mundo. Sin embargo, ninguna práctica debe tener como finalidad la tortura del cuerpo. Recordemos la cuerda de la cítara, que debe tener la tensión justa para emitir el sonido correcto. El objetivo es la sabiduría, que no se alcanza con autocastigos ni con frustración. La mente es como un domador de elefantes. Debe ejercer la firmeza suficiente para controlar las pulsiones del enorme paquidermo, pero

evitar el despotismo, porque corre el riesgo de que
su montura se debilite o lo tire de la silla.

---

## Shugyō: transformar la mente con el cuerpo mediante el contacto con la naturaleza

En el siglo VI a. C., surgió el budismo en la India, pero
tardó casi un milenio en llegar a Japón a través de China
y Corea. Su introducción no fue fácil porque parte de la
nobleza se opuso a la edificación de templos y estatuas
con el pretexto de que ofendían a las divinidades del sintoísmo. Sin embargo, el budismo sedujo al emperador
Yōmei y, sobre todo, a su hijo, el príncipe Shōtoku, quien,
tras luchar contra sus detractores, lo proclamó religión
oficial de Japón. La doctrina budista, introducida en el
archipiélago del Sol Naciente a través de las clases altas
de la sociedad, era lo bastante flexible como para adaptarse a las particularidades de la religión autóctona, el
sintoísmo. Los *kamis* se presentaban como entidades na-

cidas de la misma fuente que el resto del universo. Aunque se consideraban superiores a los hombres, aún no habían alcanzado el estado de iluminación necesario para acceder al nirvana. Fruto del sincretismo entre las enseñanzas budistas y la espiritualidad japonesa, surgieron poco a poco las vías esotéricas, que se distinguían de las corrientes clásicas por sus prácticas. En esas últimas, los fieles se limitaban a leer textos sagrados o meditar de forma prolongada, pero las diferentes escuelas del budismo esotérico desarrollaron una ascesis particular en plena naturaleza. El objetivo era entrar en comunicación con los *kamis* para beneficiarse de su sagacidad y su fuerza con el fin de avanzar en el camino de la sabiduría.

Las ascesis budistas reciben la denominación general de *shugyō* (修行). El primer carácter (修) significa «rectificar» y el segundo (行) remite a la idea de realización. El *shugyō* no es una forma de expiación ni su objetivo consiste en infligirse dolor. Se trata de fortalecer la mente para liberarla de las cadenas que le privan de libertad. Aunque esta teoría sea atractiva, resulta muy difícil de llevar a la práctica. La mente no es una noción que posea una realidad tangible. No es una parte del cuerpo que se pueda localizar con precisión. Quienes piensan que la sede única de la mente es el cerebro se olvidan de que el sistema digestivo posee un sistema neuronal complejo, responsable de la secreción de neurotransmisores como la serotonina que influyen en el estado de ánimo.

Los budistas consideran que lo invisible está unido a lo visible. El objetivo de sus prácticas es rectificar lo invisible actuando sobre lo visible. En otras palabras, rectificar la mente actuando sobre el cuerpo. Tradicionalmente, la meditación desempeña un papel esencial en esta ascesis. La posición sentada e inmóvil, la respiración profunda y acompasada, la mente concentrada en la parte inferior del vientre, donde se produce la serotonina... Todo este ritual que regula la postura del cuerpo y sus funciones vitales permite serenar la mente.

Los adeptos del budismo esotérico desarrollaron prácticas que implicaban de manera más intensa al cuerpo. Los *yamabushi* conservan las antiguas tradiciones japonesas a través de una especie de chamanismo que integra el budismo y el sintoísmo. Su viaje espiritual les conduce al corazón de los bosques a través de caminos escarpados, surcados por raíces de árboles centenarios, pero su auténtico destino es el centro de su ser. Su ascensión a las cumbres de las montañas sagradas les permite sumergirse en lo más profundo de su inconsciente. Cuando se atan con una cuerda sobre un precipicio gigantesco o practican ejercicios de respiración bajo las gélidas aguas de cascadas imponentes, someten su cuerpo a condiciones extremas. Más allá del cansancio, el dolor o el miedo, buscan lo inaprensible: la naturaleza de la mente. Sin embargo, su práctica no se limita al entrenamiento físico. Buda no alcanzó la iluminación en un sótano o en la sala oscura de un templo, sino bajo la copa de un árbol en medio del bosque. Los *yamabushi*, muy influidos por el sintoísmo, consideran la naturaleza como un santuario a cielo abierto. Los monjes zen suelen decir que los auténticos maestros enseñan mucho más con su simple presencia que con largos discursos. Los *yamabushi* creen que el *daishizen*, mediante el viento que circula entre los árboles, las rocas cubiertas de musgo y los ríos que serpentean a través de bosques oscuros, puede enseñarnos mucho sobre la vida.

*Las enseñanzas del daishizen no pasan por el intelecto, sino que penetran directamente en lo más profundo del corazón de los peregrinos que saben olvidarse por un momento de su ego para acoger lo que de verdad importa: la vida.*

El budismo y el sintoísmo no están reservados solo a las personas que deciden vivir apartados de la civilización. Como todas las auténticas sabidurías, estas espiritualidades no se basan en la oposición de realidades contrarias, sino en su interdependencia. Durante varios años dediqué gran parte de mi tiempo a recorrer los bosques

y las montañas de Japón y China. Ahora vivo principal-
mente entre Osaka y Tokio, donde dirijo una empresa
de productos alimentarios. Ya no tengo la posibilidad de
pasarme días enteros lejos de toda civilización. El sintoísmo y el budismo incluyen también prácticas adap-
tadas a personas como yo, que desean recargar las pilas
mediante el *daishizen* antes de volver a adentrarse en la
jungla urbana para contribuir a la construcción del gran
edificio de la humanidad. Los paseos por la naturaleza,
conocidos ahora como baños de bosque, aportan innu-
merables beneficios. La pureza del aire, la alta concen-
tración de oxígeno y los aceites esenciales presentes en
el entorno forestal son beneficiosos para la salud de los
paseantes. El *daishizen* no actúa solo sobre el cuerpo,
también constituye una importante guía espiritual.

## *Daishizen*, el espejo del alma

Es fácil entender que no se puede prescribir ningún
remedio eficaz sin un buen diagnóstico. En cambio,
olvidamos con frecuencia que el primer paso para ese

diagnóstico consiste forzosamente en reconocer la existencia de un trastorno o una enfermedad. Las dolencias más peligrosas suelen ser las que no presentan síntomas en las primeras fases de su desarrollo. Todos tenemos aversión al dolor y lo consideramos un mal en sí mismo. Sin embargo, gracias a su aparición nos damos cuenta de que algo no funciona bien en nuestro cuerpo. A veces el dolor nos permite descubrir un cáncer, una caries profunda o una infección interna a tiempo para que sus efectos sean reversibles. Tomar analgésicos en cuanto se nota una molestia puede asimilarse a una huida hacia delante. Ahora bien, la tentación de huir de las incomodidades físicas supone un riesgo para nuestra salud. Lo mismo ocurre con los problemas psicológicos. Para combatir el dolor, recurrimos a los medicamentos; para huir de nuestros problemas, basta con pensar en otra cosa. Las obligaciones familiares y profesionales, los problemas económicos, pero, sobre todo, los juegos de los teléfonos móviles, la música trepidante, las series de televisión y los programas de telerrealidad son tan numerosos y absorbentes que nos cuesta oír nuestra voz interior. No obstante, en ocasio-

nes tenemos la oportunidad de encontrarnos a solas
con nosotros mismos, aunque, como lo que esa voz
quiere decirnos no siempre es agradable, a menudo
preferimos hacer oídos sordos.

*«Dos cosas contribuyen al
conocimiento: el silencio
tranquilo y la interioridad.»*

**Buda**

En plena naturaleza, sin conexión a internet, no es posible huir. Estamos obligados a dialogar con nosotros
mismos. Aunque este careo pueda resultar doloroso, nos
ofrece una oportunidad para cambiar nuestra vida.
Buda alcanzó la iluminación cuando se encontraba solo,
debajo de una higuera. No estaba leyendo un libro sagrado ni entonando cantos de alabanza a los dioses,
simplemente estaba sentado, en medio de la naturaleza,

donde nada perturbaba su diálogo interior. En nuestro mundo moderno, nos parece impensable casarnos con una persona con la que no hemos hablado nunca. Sin embargo, muchas personas nos pasamos toda la vida sin entablar un diálogo profundo y sincero con nuestro yo interior.

Muchos cristianos buscan el silencio de las iglesias para comunicarse con Dios. Los budistas se adentran en los bosques y ascienden las montañas para procurarse una oportunidad de entrar en contacto con sus deseos más profundos.

*«Mi mayor riqueza es la profunda tranquilidad en la que me esfuerzo y crezco y consigo todo lo que el mundo no puede arrebatarme a fuego y espada.»*

**Johan Wolfgang von Goethe**

El *daishizen* actúa como un espejo donde podemos contemplar la agitación del inconsciente. Un mismo paisaje puede provocar emociones distintas según nuestro estado de ánimo. Un simple paseo por el bosque puede transformarse en una peregrinación interior si nos permitimos experimentar con plenitud y analizar tanto los sentimientos como las imágenes que se manifiestan en nuestra mente durante nuestra caminata. Al igual que hacemos en la meditación sentada, no hay que evitar los pensamientos negativos, sino dejar que afloren para estar en disposición de preguntarnos por las razones de su existencia.

*«El silencio conduce a la contemplación relajada durante la cual las emociones tienen menos influencia y la lógica puede tomar las riendas.»*

Su santidad Tenzin Gyatso,
decimocuarto dalái lama

## *Kōun ryūsui*, el arte budista de pasear para aliviar el sufrimiento

行雲流水

*Pasar como las nubes y fluir como el agua.*

**Proverbio zen**

El *Sutra del corazón*, el *Hannya shingyō* nos enseña que, si bien la mente no tiene forma, puede dejarse aprisionar con facilidad por el mundo material. Las formas severas de adicción (al alcohol, al tabaco, a la comida, etc.) son síntomas visibles que se manifiestan cuando la mente de una persona se deja definir por elementos exteriores. Al margen de esos casos extremos, podemos observar, si los analizamos con rigor, que nuestros pensamientos casi siempre están influidos por elementos materiales. A veces basta con un objeto, un lugar o, incluso, un olor para revivir acontecimientos de nuestro pasado. En el caso de la magdalena de Proust, el aroma de una tila le traía recuerdos agradables de su infancia. Por desgracia, las evocaciones del pasado no siempre son positivas. Algunas merecerán un examen atento porque nos pueden aportar una enseñanza, pero otras será mejor dejarlas en el olvido.

*Pocas veces vemos el mundo que nos rodea tal y como es en realidad. Todos los objetos cotidianos están cargados de emociones para nosotros. Si la carga emocional es demasiado intensa, nuestro entorno se puede convertir en una fuente de estrés o de frustración. Ahora bien, si sucede lo contrario, el mundo que nos rodea nos parecerá anodino e insípido.*

Los monjes zen comprendieron este fenómeno a la perfección. Uno de ellos, Takuan Sōhō (1573-1645) solía comparar la mente humana con el agua de un río. Cristalina cuando fluye en libertad, se enturbia rápidamente si se estanca demasiado tiempo en un mismo sitio. Todos los elementos que nos rodean actúan sobre nuestra mente como si fueran esponjas. Aunque nos encontremos en un paisaje de una belleza excepcional, este perderá poco a poco su encanto si nos quedamos demasiado tiempo. Es posible que llegue a parecernos corriente e, incluso, que se transforme en un infierno si nos ocurre allí una tragedia. En su búsqueda de la sabiduría, que esperaban hallar a través del desapego, los monjes budistas de la antigüedad practicaban una ascesis particular denominada *kōun ryūsui*. Esta expresión significa literalmente «pasar como una nube y fluir como el agua». Al igual que las nubes y el agua se desplazan libremente sin cesar, los practicantes de esta disciplina ascética debían llevar una vida nómada y no permanecer más que unos días en el mismo lugar. De esta manera, su mente no tenía tiempo de apegarse ni a un paisaje ni a una persona en concreto. Estos monjes podían vivir el momento presente sin rememorar en vano los sucesos del pasado.

Con ciertas adaptaciones, el *kōun ryūsui* nos puede ayudar a reencantar nuestra vida diaria. Cuando sintamos que la tristeza o la angustia invaden nuestra vida, bastará en ocasiones con cambiar de aires para que nuestra mente se libere.

*«Cuando el moho aparece en el trigo, busca su causa fuera del trigo, y cambia el trigo de granero.»*

**Saint-Exupéry,** *Ciudadela*

En lugar de intentar resolver directamente nuestros problemas personales, a veces puede resultar más eficaz cambiar de entorno. No es necesario dejarlo todo para dar la vuelta al mundo ni buscar los parajes más bellos de los alrededores,

lo importante es pasar un tiempo en sitios nuevos para que surjan pensamientos nuevos en
nuestra mente.

Tomarse medio día libre para visitar la ciudad ve-
cina, cambiar de camino para ir al trabajo, comer
en un nuevo restaurante o entrar en una tienda
nueva... Todo eso puede ayudar a nuestro cerebro
a olvidar sus hábitos por un tiempo y centrarse en
el momento presente. Esta recomendación también se puede aplicar a la pareja. Aunque sea preferible viajar a lugares insólitos para reavivar una
llama que se extingue, a veces el mero hecho de
descubrir un nuevo entorno juntos puede reforzar
el vínculo.

*«No vemos dos veces el mismo cerezo ni la misma luna sobre la que se recorta un pino. Todo momento es el último porque es único. Para el viajero, esa percepción se agudiza debido a la ausencia de rutinas engañosamente tranquilizadoras, propias del sedentario, que nos hacen creer que la existencia va a seguir siendo como es por algún tiempo.»*

Marguerite Yourcenar, *Una vuelta por mi cárcel*

# CAPÍTULO 3
## Iniciación a los secretos de la poesía japonesa: el arte de percibir los símbolos

*«Produce una inmensa tristeza*

*pensar que la naturaleza habla*

*mientras el género humano*

*no la escucha.»*

Victor Hugo

## Filosofía y poesía:
## el encuentro del bien y la belleza

La gran sensibilidad de Victor Hugo le llevaba a lamentarse de la dureza del corazón humano. En este mundo que valora únicamente la productividad y la competitividad, donde cada individuo intenta hablar más alto que su vecino, la escucha no se considera una virtud. Con ese guirigay incesante de egos que chocan entre sí, ¿quién escucha a la naturaleza? No es solo una cuestión de tiempo, porque para ser capaz de escuchar es preciso aprender a amar, y, para ello, hay que olvidarse de uno mismo.

Victor Hugo no era el único que hacía esta observación. «Cuando el poder conduce al hombre hacia la arrogancia, la poesía le recuerda la riqueza de la existencia». En la cima de su gloria, John F. Kennedy también era consciente de que, por importante que fuera el éxito profesional, la vida humana no tenía sentido si se perdía la capacidad de asombro.

Por desgracia, debemos reconocer que la poesía desempeña en Occidente un papel secundario en la educación escolar. Bastante incomprendida, poco a poco se ha ido arrinconando en beneficio de las matemáticas. Cabe mencionar que, durante décadas, no se ha enseñado correctamente. Se ha enseñado a memorizarla en lugar de a grabarla en la memoria del alma.

La cultura japonesa aún otorga una gran importancia a la poesía. Concebida como el arte de aunar el bien y la belleza, ha sido, en toda la historia del archipiélago, una de las formas más utilizadas por la clase intelectual, política e, incluso, religiosa para transmitir sus enseñanzas. Los sabios, inspirados por el sintoísmo, el budismo y el taoísmo, consideraban la naturaleza como un lugar sagrado donde los dioses hablan al ser humano. Para los iniciados, el bosque está lleno de símbolos. En este espacio delimitado, donde lo finito convive con lo infinito, lo invisible se hace visible. Para quien sabe observar con el corazón, los fenómenos naturales que allí se producen son lecciones de vida, incluso guías espirituales. Los árboles han sido fuente de inspiración para muchos poetas japoneses que veían en algunos de ellos un modelo de virtud. El ciruelo y el bambú son ejemplos de los que se citan con más frecuencia en sus escritos.

A continuación, se recogen las principales enseñanzas filosóficas que los japoneses han sabido descubrir gracias a la observación de la naturaleza.

## El bambú:
### el secreto de las profundidades de la tierra

Algunos emperadores y literatos japoneses tenían la costumbre de retirarse durante un tiempo en la naturaleza, lejos de la vanidad y el bullicio de sus coetáneos, para buscar respuestas a sus preguntas existenciales. Solos frente a sí mismos y a la inmensidad del *daishizen*, su mirada se dirigía con frecuencia a los bosques de bambúes que rodeaban sus cabañas. Por la noche, a menudo los despertaba el ruido seco de los troncos que chocaban debido a los embates del viento. Hay algo fascinante en esta especie, entre planta y árbol, que suscita una atracción irresistible. Encontramos la silueta del bambú en las telas de los kimonos, en las pinturas con tinta china, en los cuencos de laca y en los muros dorados de los castillos de los *sogunes*. Se trata de un motivo omnipresente en el arte japonés. Más que un simple elemento decorativo, este símbolo encierra las enseñanzas que descubrieron los sabios japoneses mediante la atenta observación de la planta sagrada.

### *Descorrer el velo de las apariencias*

Debido a su crecimiento excepcional —40 centímetros al día por término medio—, los bambúes pueden alcanzar su tamaño adulto en menos de dos semanas. Esta extraordinaria capacidad de desarrollo siempre ha llamado la atención de los japoneses, que los consideran un símbolo de éxito y ascenso social.

*Aunque unánimamente admirados, los bambúes solo revelan sus secretos a quienes profundizan en las cosas y saben armarse de paciencia.*

Solo la atenta contemplación del *daishizen* permite descorrer el velo de las apariencias y comprender que el fulgurante crecimiento del bambú necesita varios años de preparación en las profundidades de la tierra. Antes de salir a la superficie, el bambú crea una red de raíces con firmeza suficiente para que los golpes de viento no lo arranquen del suelo y para asegurarse el aporte de nutrientes necesario en su ascensión.

La observación de los bambúes nos invita a cambiar nuestra visión del éxito. En lugar de admirar boquiabiertos a los demás o de envidiar lo que nos parece el éxito milagroso de un amigo, un compañero o una celebridad, el símbolo del bambú nos anima a descubrir todos los esfuerzos que ha realizado esa persona en el silencio del anonimato, cuando se encontraba muy lejos aún de la luz de los focos. Es fácil que la persona dé lo mejor de sí misma cuando todo el mundo la observa y todos sus esfuerzos tienen una recompensa inmediata, pero se necesita coraje y sabiduría para ser capaz de hacer sacrificios en los momentos de soledad, en los que la duda es nuestra única compañera de camino.

## El secreto para no doblegarse ante las dificultades

El firme arraigo a la tierra, preparado por el bambú durante años, le hace merecedor de su ascensión hacia la luz. Sin embargo, aunque esos logros le ofrezcan una posición desahogada, no son suficientes para garantizar su supervivencia.

En Japón, cuando la suavidad primaveral deja paso al vigor del verano, se desata la furia de los elementos. Tifones y vientos recios arrasan varias veces el archipiélago. Su fuerza arranca rápidamente los árboles que han crecido demasiado deprisa, mientras los que confían demasiado en su fuerte enraizamiento se vuelven rígidos, y las violentas ráfagas de viento rompen sus ramas y su tronco. En medio de este caos, los bambúes se mueven con elegancia. Saben que es inútil resistirse al *daishizen*. Como si fueran bailarines, su gran flexibilidad les permite adaptarse a cada cambio de ritmo. Ni siquiera el denso manto de nieve, que doblará las ramas de las imponentes coníferas cuando llegue el invierno, representará una amenaza para ellos, porque saben aunar dos principios aparentemente opuestos: la fuerza y la flexibilidad. Los bambúes pueden realizar esta proeza porque su tronco es hueco como una caña.

*En Occidente, el vacío asusta porque se asocia a la nada. Sin embargo, en Asia, la vacuidad se considera la matriz del mundo. El vacío no es la nada, sino el punto de partida de un sinfín de oportunidades.*

Al igual que el vacío permite al tronco de bambú moverse en todas direcciones sin quebrarse, la ausencia de dogmatismo permite a las personas sabias seguir aprendiendo y abandonar sus prejuicios cuando son refutadas por la realidad del mundo. El vacío posibilita la flexibilidad que conduce a la tolerancia, base de la capacidad de adaptación.

Adaptarse con armonía al entorno sin dejar de ser uno mismo es lo que caracteriza a una persona auténtica. La tolerancia y la humildad, asociadas a una voluntad inquebrantable, le permiten pasar por la vida sin sucumbir ante los reveses de la existencia.

## *Que la alegría reine en nuestro corazón*

La perseverancia y la adaptabilidad son virtudes indispensables que pueden contribuir a nuestro bienestar físico.

*Para disfrutar de una existencia rica en humanidad, es preciso cultivar la capacidad de conservar la alegría en nuestro corazón.*

¿De qué nos sirven los bienes que acumulamos tras grandes esfuerzos si no conservamos la capacidad de maravillarnos con la vida, incluso cuando nos resulta cruel?

A diferencia de la gran mayoría de los árboles, que pierden sus hojas cuando la oscuridad de las noches de invierno gana la batalla a la luz del día, el bambú conserva su follaje y su bonito color verde todo el año. De este modo, sirve para ilustrar una de las enseñanzas fundamentales del budismo: la felicidad no reside en las cosas que nos rodean, es preciso buscarla dentro de nosotros. Para no caer en el cinismo y el pesimismo, el practicante debe encontrar la belleza en su propio interior. Como el bambú, ha de conservar la sonrisa incluso en medio de la adversidad. Es fácil mostrar lo mejor de la personalidad cuando todo va bien, pero es necesaria cierta talla humana para seguir siendo benevolente y atento con los demás cuando sobrevienen las dificultades.

«La percepción del mundo que

nos rodea cambia según el estado

de ánimo. Cuando nos dejamos

invadir por pensamientos

sombríos, las cosas que nos

rodean pierden su lustre; cuando

nuestro interior se encuentra

sosegado, la naturaleza nos parece

serena y relajante.»

Kūkai (774-835)

## El secreto del éxito duradero

Con frecuencia se consideran la amabilidad y la disponibilidad para compartir como signos de debilidad. La máxima según la cual la ley del más fuerte es siempre la mejor sirve en ocasiones para justificar ambiciones egoístas descontroladas. Sin duda, una observación poco atenta de la naturaleza puede llevarnos a pensar que solo sobreviven los individuos que aplastan a los demás. Sin embargo, cuando analizamos el *daishizen* durante cierto tiempo, nos damos cuenta de que el individualismo no es el medio más eficaz para garantizar la supervivencia y el desarrollo de una especie.

Hay árboles que desarrollan sus ramas laterales demasiado pronto para privar de luz a sus vecinos, que consideran sus competidores. Su ascensión se produce a costa de los demás y crea un vacío a su alrededor. Al contar con más luz y con más nutrientes disponibles en el suelo, crecen más deprisa. Aunque gozan de una aparente prosperidad, se encuentran en grave peligro. Aislados, son más vulnerables frente a las ráfagas de viento y los ataques de animales e insectos.

Los bambúes adoptan una actitud muy distinta. Si bien crecen de manera fulgurante, sus troncos se mantienen rectos para no molestar a sus vecinos. También pueden crecer en hileras apretadas, para protegerse unos a otros si es necesario. Por esta razón, los bosques de bambúes son más resistentes que los de otros árboles.

Como el bambú, la persona auténtica nunca contrapone su interés personal al de su comunidad de pertenencia, porque ningún éxito material, por importante que sea, puede llenar el vacío de la soledad.

## El ciruelo: la gran obra del invierno

Han transcurrido dos meses desde que las potentes campanas de los templos budistas sonaron 108 veces en la oscuridad de la noche para indicar la entrada en el nuevo año y recordar a las personas que lo utilicen para mejorar interiormente. El silencio reina en el santuario de Kitano Tenman-gū de Kioto desde que finalizaron las fiestas. De repente, una explosión de rosa y rojo rasga el espeso manto de nieve que cubre los árboles del jardín. Cuando el resto de la naturaleza aún duerme, comienza la floración de los ciruelos.

Menos conocidos por los visitantes occidentales que los cerezos *sakura*, los ciruelos eran un tema importante en la poesía japonesa de antaño. Se los consideraba el símbolo de los caballeros. Sus flores inspiraron al célebre poeta Sugawara no Michizane (845-903), que fue deificado tras su muerte con el nombre de Tenman-gū. Gracias a su particular sensibilidad, este hombre extraordinario supo percibir, más allá de la belleza de estas flores de colores, virtudes dignas de admiración.

## Convertir los problemas en oportunidades

Con frecuencia imaginamos que, en un mundo perfecto, el camino del éxito y la felicidad estaría señalizado, sería llano y, sobre todo, muy corto. Si alimentamos esta forma de pensar, no podemos ver las montañas como lugares sagrados que nos permiten tomar altura y fortalecer nuestra voluntad, sino que se transforman en obstáculos que nos impiden avanzar hacia nuestro objetivo.

*El primer paso de la sabiduría consiste en darse cuenta de que lo importante no está al final del camino, ni siquiera en el camino, sino que lo relevante es la persona en que nos convertimos al recorrerlo.*

Por ello, se comprende que, aunque la línea recta representa sin duda el camino más corto, no será el que nos permita renovarnos por dentro.

La observación del *daishizen* nos revela las leyes que rigen el mundo. El poeta atento percibirá con facilidad que las flores más hermosas no siempre son las que eclosionan bajo el cielo azul de la primavera. En la antigüedad, la flor del ciruelo era una de las preferidas por los chinos y los japoneses. Se sentían fascinados por esas flores de perfume embriagador que se abrían bajo la nieve. Existe la creencia popular de que su aroma se desarrolla gracias al rigor del invierno. Al igual que la esencia de las flores de ciruelo, que se manifiesta gracias al frío (y no a pesar de soportarlo), la persona auténtica no considera las dificultades como obstáculos, sino como oportunidades para crecer personalmente. Las flores que brotan en condiciones difíciles suelen tener una vida más larga que las que se desarrollan en la efímera suavidad de un día de primavera. Del mismo modo, el éxito que se consigue después de prolongados esfuerzos es preferible a veces al éxito fulgurante que solo se debe al efecto de la moda.

«La carga pesada modela al hombre. Una marcha sin carga no puede forjar hombres firmes.»

**Tokugawa Ieyasu**

«Todos tenemos una piedra preciosa escondida en nuestro interior. Si la pulimos con esmero, podrá mostrar su fulgor y brillar con intensidad.»

**Kūkai**

Puesto que la línea recta no nos enseña ni la perseverancia, ni la prudencia, ni mucho menos la humildad, puede conducirnos rápidamente a la ruina. Al igual que los primeros alquimistas de la Edad Media, los japoneses consideraban la existencia como una especie de atanor, un horno que, sometiendo la materia original a condiciones extremas pero calculadas, permite eliminar la escoria y modelar esa materia para transformarla en una gran obra de arte.

## Brindar alegría en medio de la oscuridad

Como el sonido relajante de las campanas, que resuenan más allá del recinto de los templos budistas para procurar un instante de recogimiento a los urbanitas inmersos en el ajetreo de las exigencias del mundo moderno, las flores del ciruelo desprenden un perfume embriagador que se escapa de sus pétalos para reconfortar a los transeúntes ateridos por el frío del invierno.

*El símbolo del bambú nos enseña la importancia de conservar la alegría en el corazón, el ciruelo nos anima a comunicarla a las personas que nos rodean.*

Formados en un sistema educativo elitista, los jefes de Estado y los directivos de las empresas suelen dar más importancia a lo racional que a lo emocional. Su función no se limita a establecer unas líneas directrices, sino que deben encarnar la esperanza de un futuro mejor en medio de un presente lleno de incertidumbre. No existe proyecto de ley ni plan de acción que pueda compensar la falta de confianza en el futuro. Los antiguos señores de la guerra japoneses sentían una gran admiración por los ciruelos. Después de observarlos y comprobar la fascinación que suscitaban en su pueblo, los sogunes sabían que la estabilidad de su reino no podía basarse únicamente en su arte para manejar el sable o su habilidad para diseñar tácticas militares. Habían comprendido que la victoria dependía también de su capacidad para reconfortar y animar a las tropas cuando todo parecía perdido. Asimismo, los monjes zen eran conscientes de que su misión no se limitaba a transmitir el conocimiento de los sutras, sino que, sobre todo, debían acompañar psicológicamente a sus discípulos y animarlos en los momentos de duda.

---

El símbolo del ciruelo nos invita a cultivar nuestro carácter con el fin de desarrollar el valor y la fortaleza suficientes no solo para conservar la esperanza en los tiempos difíciles, sino también para compartir esa energía con las personas que nos rodean.

## El pino:
## la clave del misterio oculto en sus agujas

Como el filo de una espada afilada, el sonido estridente de una flauta de bambú rasga el silencio que reinaba hasta entonces. Empiezan a retumbar unos tambores, su ritmo se acelera. De repente, todo se detiene, nada se mueve… Se oye una voz gutural. Conforme articula las palabras, unas siluetas con máscaras misteriosas se separan de las tinieblas y comienzan a moverse. Interpretan una obra de teatro *nō* de una intensidad sobrecogedora. Ni el narrador ni los músicos ni los bailarines miran al público. Sus rostros se vuelven hacia el fondo del escenario, donde se encuentra el invitado de honor. Como en todos los teatros *nō,* hay un árbol majestuoso pintado en una gran tabla de madera lacada: el *kami no ma.* Se trata de la representación de uno de los pinos centenarios que pueblan el recinto sagrado del santuario de Kasuga, en Nara. Se considera el receptáculo de un *kami.* En su origen, este tipo de teatro no tenía vocación de entretenimiento, sino que era una ofrenda de danza y música para las divinidades protectoras. Han pasado los siglos, ha cambiado la mentalidad de los japoneses, pero la imponente silueta del pino sigue cuidando de todos los escenarios de los teatros *nō*.

El pino fue reconocido por los antiguos sintoístas como receptáculo sagrado porque supieron ver en sus características muestras de una fuerza excepcional. No se limitaron a respetar el árbol, sino que trataron de imitar sus muchas virtudes.

### Apresúrate despacio

*«La vida es semejante a un largo viaje con una carga pesada. No hay necesidad de apresurarse.»*

**Tokugawa Ieyasu**

Quizás no fuera el más fuerte de todos los señores de la guerra, pero Tokugawa Ieyasu (1543-1616) se convirtió en el sogún más célebre de la historia porque fue capaz de realizar el sueño de Oda Nobunaga y Toyotomi Hideyoshi: reunificar Japón y gobernar como único señor.

Uno de los secretos de su éxito reside en un concepto fácil de entender, pero difícil de poner en práctica: saber esperar. En la sociedad moderna, en la que se repite sin cesar que el tiempo es oro, ¿cuántos personas nos movemos entre la prisa frenética y la renuncia? Mientras que en Asia la lentitud se consideraba antaño como un signo de sabiduría y fortaleza de carácter, en Occidente se la identifica con la falta de dinamismo o de inteligencia. Esperar no significa no hacer nada. La auténtica paciencia se encuentra en la capacidad para continuar con la preparación, aunque el momento propicio tarde en llegar.

Durante la época medieval se plantaban muchos pinos en los castillos porque su savia nutritiva permitía paliar la escasez de alimentos en los largos periodos de asedio. Aunque la historia no lo recoge, es muy posible que Tokugawa Ieyasu hubiera observado durante mucho tiempo estos pinos majestuosos. ¿Cómo no asombrarse ante su capacidad para mantener su verdor en pleno invierno, cuando los demás árboles han perdido sus hojas?

*Matsu* (松), el carácter japonés que se utiliza para designar el pino, nos da una preciosa pista que permite explicar su resistencia. Por azares de la lengua, posee la misma pronunciación que el verbo «esperar». Y esta capacidad de espera caracteriza al curioso metabolismo del pino. A diferencia de otros árboles que se apresuran desde los primeros días de primavera a cubrirse de hojas grandes y anchas, el pino produce unas agujas pequeñas y tupidas. Su reducida dimensión no permite captar mucha luz y la secreción de la capa de cera vegetal que las reviste consume bastante energía. Las hojas de otros árboles, anchas y delgadas, son más eficaces. Sin embargo, el pino sabe que la vida no es una eterna primavera.

En invierno, el frío retiene el agua en forma de nieve en las montañas y el suelo se reseca rápidamente. Es demasiado tarde para la mayoría de los árboles, los cuales, para sobrevivir, deben desprenderse de las hojas anchas y delgadas que provocan una gran evaporación. Las agujas, por el contrario, están hechas para retener el agua. La fotosíntesis del pino puede continuar durante todo el año. De esta manera, tiene asegurado un aporte de energía permanente que le ofrece la posibilidad de crecer en los largos meses de invierno, mientras el resto de los árboles se ve obligado a paralizar su desarrollo.

La estrategia de Tokugawa Ieyasu presenta muchas similitudes con el crecimiento de los pinos. Consciente de su inferioridad respecto a sus rivales, en particular con respecto a Toyotomi Hideyoshi, Ieyasu se interesó por los métodos para prolongar su vida gracias a una alimentación sana. Fue famosa su obsesión por cuidar de su salud, pero sus hábitos le permitieron alcanzar una longevidad excepcional para la época (73 años) y asumir el poder tras el fallecimiento prematuro de los demás pretendientes.

*El pino es un símbolo de la sabiduría que prefiere tomarse su tiempo en lugar de precipitarse hacia una victoria inestable. Nos enseña que, todo lo que no se hace con tiempo, el tiempo lo deshace.*

## Modestia y ayuda mutua

*«El trabajo en equipo permite a la gente corriente obtener resultados fuera de lo corriente.»*

**Andrew Carnegie**

Aunque no fuera japonés, esta cita del industrial y filántropo Andrew Carnegie resume a la perfección la estrategia de los antiguos sogunes. En contra de lo que podemos pensar, no eran los guerreros más fuertes quienes llamaban su atención, sino aquellos que arriesgaban su vida en la batalla para socorrer a sus compañeros de armas. Oda Nobunaga, Toyotomi Hideyoshi y Tokugawa Ieyasu sabían que el destino del país no podía depender únicamente de los brazos de unos cuantos héroes incontrolables, sino que debía construirse sobre unos sólidos cimientos, formados por miles de almas comprometidas unas con otras.

Sin duda, estos grandes señores debían su sabiduría a la inspiración de los antiguos textos sintoístas, que describían cómo los *kamis* más poderosos habían llevado a cabo su misión gracias a la ayuda de otros *kamis* en apariencia más débiles que ellos. El pino, considerado como un receptáculo divino, ilustra también la importancia del principio universal de asistencia mutua. Aunque cuenta con un tronco vigoroso y unas hojas que resisten el frío y la sequía, el crecimiento de este árbol se ve ralentizado con frecuencia por la pobreza de los suelos en los que arraiga. En lugar de destruir toda forma de vida alrededor de sus raíces para librarse de competidores, el pino decide aliarse con un hongo llamado *matsutake*. A cambio de un poco de su savia, el hongo le aporta minerales que su sistema radicular extrae con más eficacia. Por ello, en contra de las apariencias, los pinos rara vez se encuentran aislados en las montañas. Mantienen todo un ecosistema que les permite sobrevivir en un entorno poco propicio.

---

El pino como símbolo de sabiduría nos enseña que nuestra búsqueda de ascenso social debe ir acompañada de un ejercicio de humildad. Es preciso superar el individualismo del ego para comprender que el éxito y la felicidad personal solo serán duraderos si se desarrollan dentro de una dinámica de prosperidad colectiva.

*«La responsabilidad de la derrota se atribuye al señor; la victoria, a los vasallos.»*

**Cao Cao (155-200), señor de la guerra chino**

## La armonía de los contrarios

En una serena tarde de otoño, la voz gutural de un viejo monje budista resuena en el jardín cubierto de musgo de un templo zen. Desconcertado por su pregunta, su discípulo inicia una nueva sesión de meditación. Ni encuentra respuesta, ni entiende en absoluto por qué su maestro le plantea una cuestión tan absurda. Su mirada se posa entonces en un pino majestuoso, situado al lado de un pe-

queño estante donde nada una pareja de carpas, una roja
y otra blanca. Recuerda los numerosos poemas que elo-
gian este árbol, conocido por su longevidad casi sobrenatural. Se pregunta cuál puede ser el secreto del pino.

*«¿Cuál es el sonido de una sola
mano que aplaude?»*

**Proverbio popular**

De repente se acuerda de que lleva cosido un símbolo
extraño en la parte de atrás de su hábito. Le viene a la
memoria que su maestro le reveló un día que los no
iniciados veían en ese dibujo dos agujas de pino. También recuerda que, cuando preguntó a su maestro cómo
interpretaba el motivo, él le respondió: «La inteligencia
pobre aplica la división, la sabiduría reúne lo que está
disperso».

Pasará algún tiempo hasta que el discípulo comprenda la esencia de las enseñanzas de su maestro. Mientras vea dos agujas, no hallará sosiego. Meditando una y otra vez sobre la pregunta de su maestro quizás llegue a la misma conclusión que Kūkai (774-835), el célebre monje fundador del budismo esotérico en Japón.

> *«Es imposible aplaudir con una mano, tampoco se puede caminar con un solo pie. Para producir un sonido, la mano izquierda debe moverse en armonía con la derecha.»*
>
> **Proverbio popular**

Tanto en Oriente como en Occidente, el sonido tiene una gran importancia para la espiritualidad esotérica. En ambas tradiciones, el origen del mundo suele estar relacionado con el sonido, en ocasiones llamado «verbo». La enseñanza de Kūkai indica que la sabiduría creadora por lo general opera mediante la armonización de los contrarios. Los pinos, considerados por los japoneses receptáculos de los dioses, parecen querer transmitirnos esa sabiduría. Esperan a las personas que, en lugar de fijarse en las dos puntas del par de agujas, ponen su mirada y su corazón en la parte marrón que las convierte en una sola cosa.

## El cerezo *sakura*: el reflejo del alma

Los primeros rayos de sol apenas han disipado la niebla matinal cuando se levanta un viento frío que interrumpe el canto del ruiseñor. Transporta un sinfín de copos de un blanco inmaculado que al caer describen elegantes evoluciones en el aire.

No se trata de una nevada primaveral, sino de una lluvia de pétalos de cerezos *sakura* que ofrece a los transeúntes este efímero espectáculo.

No lejos del lugar, un riachuelo que baja de las colinas cercanas extiende una alfombra de pétalos rosas en medio de la ciudad, que reaprende por un momento a maravillarse ante la hermosura de la naturaleza.

Desde tiempos remotos, los japoneses sienten auténtica fascinación por las flores de *sakura*. Además, la interpretación de las enseñanzas que transmiten estos mensajeros del *daishizen* depende del estado de ánimo de la persona que los contempla.

### Concentrarse en lo esencial

Cuando la oscuridad del invierno deja paso a la luz de la primavera, la naturaleza del archipiélago de los dioses embriaga a los paseantes con sus encantos. ¿Cómo no maravillarse ante las flores de los cerezos, cuyos pétalos parecen formar nubes de algodón que flotan con elegancia sobre el suelo? Basta con contemplarlos para salir de nosotros mismos y entrar en un estado de meditación que raya en la euforia. Sin embargo, el destino de todo soñador es despertar. De repente, los elementos se esfuman de su sueño y una ráfaga de viento acaba con ese momento de plenitud. En los próximos días se posarán aún en el suelo algunos pétalos que nos recordarán con amargura la belleza del efímero espectáculo que se nos ha ofrecido. ¿Hemos disfrutado a fondo de él? ¿No hemos perdido demasiado tiempo en cosas insignificantes, en lugar de dedicarnos a lo que de verdad importa, a la contemplación de la belleza del mundo y de la vida?

El archipiélago del Sol Naciente tiene una historia llena de contrastes, en la que se alternan unas épocas de paz y prosperidad con otras marcadas por la guerra y las catástrofes naturales.

---

El budismo zen ha acompañado a millones de japoneses, en particular a los guerreros, en los periodos más turbulentos de la historia del país. Esta corriente de pensamiento, que insiste en el carácter efímero de todas las cosas, conduce a sus adeptos a liberarse de las vanidades del mundo para concentrarse en lo esencial; es decir, en el momento presente. La gloria, la fortuna, la belleza y la fuerza solo son ilusiones que nos arrastran en una espiral infernal. ¿Cuántas personas se olvidan de observar el espectáculo de la naturaleza y de la vida porque están demasiado ocupadas en «cosas importantes»? El zen nos coloca ante una realidad difícil de aceptar: la finitud de nuestro ser. No poseemos nada. Ni siquiera el cuerpo o la memoria nos pertenecen porque algún día tendremos que entregarlos. ¡Qué decir entonces de todas esas ilusiones que tanto nos inquietan...!

いたづらに　過ぐる月日は
おもほえで
花見て暮らす　春ぞ少なき

*«Los días y los meses transcurren en vano, sin que les prestemos atención. ¡Cuán raras son las primaveras que podemos pasar mirando las flores!»*

**Fujiwara no Okikaze**

**(fecha desconocida)**

Aunque se escribió en la antigüedad, este poema de Fujiwara no Okikaze parece asombrosamente moderno. Debido a las obligaciones de la vida diaria, corremos desesperados hacia objetivos siempre más lejanos, sin tomarnos el tiempo necesario para disfrutar del momento presente. Es normal pasar por periodos de intensa actividad, pero si transcurren varios años sin que hayamos tenido tiempo de admirar el espectáculo de las estaciones, probablemente sea un indicio de que debemos cambiar nuestras prioridades y nuestro ritmo de vida.

## *Superar el nihilismo*

Aunque el zen aporta una gran sabiduría, si no se comprende bien puede conducirnos a una especie de nihilismo.

*La trascendencia del símbolo no reside en el árbol o la planta como tales, sino en la mente de la persona que lo observa.*

En este sentido, la naturaleza es un espejo del alma. Si la contemplación de un cerezo nos conduce a lamentarnos por la brevedad de la existencia, esta respuesta nos anima a realizar un ejercicio de introspección para comprender cuál es el origen de nuestra negatividad.

Durante los periodos turbulentos de la historia de Japón, los guerreros y los monjes zen relacionaban los *sakura* con el destino trágico de las personas que fallecían en la flor de la vida. Aunque esta interpretación es comprensible, no es la única que puede hacerse. Era una opción, resultado de la profunda incertidumbre que reinaba en la época. En la antigüedad, los japoneses tenían una visión muy diferente de las flores del cerezo. Para ellos, la floración solo era posible si un *kami* habitaba en el árbol. Cuando los *sakura* se cubrían de pétalos, se interpretaba como una señal de que las fuerzas vitales de la naturaleza salían de su letargo invernal y las cosechas de ese año serían abundantes. En lugar de lamentarse por el destino de esas frágiles flores, los japoneses se alegraban y corrían hacia los árboles. Comían, bebían y bailaban para recibir a los *kamis* que habitaban por un tiempo en los cerezos. Aunque hoy el aspecto espiritual no está tan presente, esta tradición pervive en Japón con el nombre de *hanami*, que significa literalmente «ir a ver las flores».

## *Descubrir lo inmutable tras la apariencia de finitud*

A diferencia de las afirmaciones científicas, que pueden demostrarse o refutarse, la espiritualidad no conduce a verdades racionalmente intangibles. ¿Cómo puede un maestro acompañar los progresos de su discípulo? El estado de ánimo del practicante tiene sin duda más importancia que la suma de los dogmas que pueda grabar en su memoria. ¿Lo esencial no es aprender a conservar nuestra capacidad de maravillarnos a pesar de los problemas cotidianos?

El sintoísmo se centra sobre todo en la vida. Mediante el cultivo de la sensibilidad de quienes lo practican, permite reencantar el mundo y fundamentar sus impresiones para evitar el nihilismo. Quien sepa observar el *daishizen* se dará cuenta de que los *sakura* no mueren, porque la vida no reside en las flores, sino en el árbol. Las flores solo son una manifestación de la energía vital del cerezo. En invierno, los poetas se lamentan y llevan luto por sus flores favoritas, que parecen aniquiladas para siempre por el frío y la oscuridad, pero las personas dotadas de sabiduría tienen la certeza de que la savia corre aún por las raíces y el tronco de los árboles.

Como receptáculos de los dioses, los *sakura* encarnan las enseñanzas esotéricas más profundas de las antiguas tradiciones japonesas. Ofrecen a las personas que les abren su corazón un ejercicio de introspección que les permite sondear pensamientos, deseos y miedos escondidos en las profundidades de su ser, más allá de su conciencia. Estos árboles misteriosos no revelan con facilidad sus secretos, pero quienes se dedican a observarlos aprenden a percibir lo inmutable tras la apariencia de finitud.

# EPÍLOGO

Empecé a escribir este libro una tarde soleada, a orillas de uno de los muchos arroyos que serpentean por los bosques de Limousin. Como pequeñas hadas, unas libélulas azules me acompañaron en mis ensoñaciones. Ahora me encuentro en Japón, sentado también a orillas de un río, bordeado de ciruelos en flor. Una pareja de carpas —una roja y otra dorada— nada sin descanso a contracorriente. La naturaleza no tiene fronteras y siempre habla la misma lengua: la de la vida. Tanto en Francia como en Japón, el azar pone en mi camino compañeros que me aportan sabias enseñanzas.

¿Cuánto tiempo tuvieron las libélulas que luchar para sobrevivir antes de metamorfosearse y volar lejos del fango de su charca? Estas elegantes criaturas que nunca retroceden y limpian los campos de parásitos portadores de enfermedades se consideran en Japón el símbolo de los samuráis, que se adiestran para purificar su mente y no eluden el peligro para proteger la vida de los demás. Las carpas también son un símbolo muy popular en China y Japón. Cuenta la leyenda que una carpa se transformó en un gran dragón cuando logró remontar el curso de una cascada.

La soledad es uno de los problemas más generalizados de la sociedad moderna. En realidad, rara vez estamos solos cuando nos encontramos en plena naturaleza. En otro tiempo se consideró que carecían de interés, pero las plantas, los animales e, incluso, los insectos pueden instruirnos sobre la manera de vivir nuestra existencia humana. En tanto que mensajeros del *daishizen*, nos muestran su esencia, lo que el poeta latino Ovidio llamaría el arte de las metamorfosis. La naturaleza nunca ha perdido su encanto, pero ahora no sabemos reconocerla. Nuestra existencia tampoco ha perdido el suyo. Sigue siendo una aventura con riesgo de muerte, en la que debemos luchar cada día para conservar unos valores humanos que, en ocasiones, son contraproducentes desde la perspectiva del éxito económico. Como la libélula que lucha para salir de su charca natal, todos tenemos una misión: convertirnos en quien realmente somos. El olvido de esta misión es la causa del pesimismo actual. Una aventura sin misión se convierte en un drama y una aventura sin riesgo resulta aburrida. Basta una mirada nueva para cambiar el curso de la existencia.

El *daishizen* no descubre los misterios del universo, sino que nos invita a profundizar en nuestro ser a través del cuerpo y de la mente. Solo si trabajamos nuestra interioridad podremos sentirnos realizados. A lo largo de este peligroso viaje, nos encontraremos con distintos compañeros, unos animados y otros no, unos benevolentes y otros mezquinos. Somos libres de escucharlos o de ignorarlos.

# Ecosistema digital

## Floqq
Complementa tu lectura con un curso o webinar y sigue aprendiendo.
**Floqq.com**

## Amabook
Accede a la compra de todas nuestras novedades en diferentes formatos: papel, digital, audiolibro y/o suscripción.
www.amabook.com

## Redes sociales
Sigue toda nuestra actividad. Facebook, Twitter, YouTube, Instagram.

EDICIONES URANO